BEI GRIN MACHT SICH IHR WISSEN BEZAHLT

Jonathan Krawinkel

Suchtverhalten bei Jugendlichen

GRIN Verlag

Bibliografische Information der Deutschen Nationalbibliothek:

Die Deutsche Bibliothek verzeichnet diese Publikation in der Deutschen National-
bibliografie; detaillierte bibliografische Daten sind im Internet über http://dnb.d-
nb.de/ abrufbar.

Impressum:

Copyright © 2013 GRIN Verlag GmbH
Druck und Bindung: Books on Demand GmbH, Norderstedt Germany
ISBN: 978-3-656-45726-8

Dieses Buch bei GRIN:

http://www.grin.com/de/e-book/229849/suchtverhalten-bei-jugendlichen

GRIN - Your knowledge has value

Der GRIN Verlag publiziert seit 1998 wissenschaftliche Arbeiten von Studenten, Hochschullehrern und anderen Akademikern als eBook und gedrucktes Buch. Die Verlagswebsite www.grin.com ist die ideale Plattform zur Veröffentlichung von Hausarbeiten, Abschlussarbeiten, wissenschaftlichen Aufsätzen, Dissertationen und Fachbüchern.

Besuchen Sie uns im Internet:

http://www.grin.com/

http://www.facebook.com/grincom

http://www.twitter.com/grin_com

Facharbeit

Abiturjahrgang: 2014

Thema: Suchtverhalten bei Jugendlichen mit Bezug auf Cannabis

Unterrichtsfach: Pädagogik

Abgabetermin: 20.03.2013

Inhaltsverzeichnis

Definition Sucht

Viele Menschen verbinden den Begriff Rauschgift mit Sucht. Jedoch muss man unter den verschiedenen Arten von Sucht unterscheiden, z.b. Kokainsucht, Heroinsucht oder gelegentlich Haschischsucht, ebenfalls gibt es Alkohol und Nicotinsucht, diese gelten jedoch als legale Rauschmittel. Dies sind die sogenannten „weichen Drogen", dazu zählt auch Cannabis, da man nach erstmaligem Konsum nicht direkt abhängig wird. Der Kontrast dazu sind die oben erwähnten „harten Drogen". In den meisten Ländern ist es untersagt, Dinge zu konsumieren, die das Bewusstsein verändern. Ausgenommen sind in der Regel Alkohol und Nikotin. Diese Drogen darf man ab einem bestimmten Lebensalter konsumieren. Die Gemeinsamkeit zwischen einer weichen Droge – z.B. Nikotin und einer harten (illegalen) Droge – z.B. Kokain liegt darin, dass beide Drogen Rauschdrogen sind. Jedoch kann man eine bessere Grenze zwischen „erträglich" und „unerträglichem" Missbrauch ziehen. Darunter versteht man das Suchtpotenzial der einzelnen Droge.

Wenn man die Haltung verschiedener Kulturen gegenüber Drogen vergleicht, so zeigen sich keine gesellschaftlichen oder sozialen Faktoren, die den Begriff der Sucht definieren. Jedoch kann man sagen, dass Sucht vorliegt, wenn mindestens einer der drei folgenden Punkte erfüllt ist: man benötigt eine Rauschdroge seelisch, körperlich oder physisch.

Die Weltgesundheitsorganisation (WHO) hat vier Punkte ausgearbeitet, die die Gewohnheitsbildung von Rauschmitteln beschreiben.

Der erste Punkt ist, ein Verlangen nach einem Mittel zu haben, welches ein gesteigertes Wohlbefinden bewirkt. Man muss hierbei zwischen Zwang und Verlangen unterscheiden. Der zweite Punkt ist die fehlende bzw. geringe Neigung, die eigene Dosis der Droge zu erhöhen. Punkt Drei besagt, dass der Konsument ein bestimmtes Maß an seelischem Verlangen nach der Droge entwickelt. Dies geschieht durch die positiv wahrgenommene Erfahrung, die der Rausch mit sich bringt. Körperlich ist man jedoch noch nicht abhängig. Schließlich sagt der letzte Punkt, dass der Konsum schädliche Folgen für einen selbst und Gesellschaft haben kann. (1)

(0) Handbuch der Rauschdroge Seite 215- 217

Ursachen von Sucht

Die Frage, weshalb Menschen süchtig werden, ist schwer zu beantworten. Es gibt verschiedene Motive für das Verlangen nach Rauschmitteln, jedoch kann man in der Regel sagen, dass das Konsumieren strukturelle Defekte ausfüllen soll.

Unter strukturellen Defekten versteht man beispielsweise Traumata aus der Kindheit. Im Rausch vergisst man diese Erlebnisse und dies ist ein häufiger Grund für Konsumenten. Jugendliche lernen, sich auf die Drogen zu verlassen. Wenn es ihnen in einer bestimmten Lebenssituation schlecht geht, konsumieren sie etwas und fühlen sich für den Moment gut. Was sie jedoch nicht beachten ist, dass der Zeitpunkt kommt, in dem der Rauschzustand nachlässt. Nachdem man bereits einige Male seine Probleme somit „gelöst" hat, in Wahrheit nur verdrängt hat, nimmt man nun bei jedem weiteren Ereignis, das nicht gut erscheint, Drogen. (3) „…keine Scheinlösung für Probleme, sondern eine Lösung für Scheinprobleme" (2)

Ein anderer Grund für das Erstkonsumieren bzw. für das gelegentliche Konsumieren ist die Nervosität, beispielsweise vor Klausuren. Manche Eltern haben z.B. ihren Kindern schon im frühen Kindesalter Medikamente zur Beruhigung gegeben. Nun denken die Kinder, es nicht ohne sie zu schaffen. Dies bedeutet nicht, dass sie dieselben Drogen nehmen, es kann auch gut sein, dass sie auf ein anderes Rauschmittel umsteigen. (4)

Ein weiterer Faktor sind die Medien. Bereits kleine Kinder werden im Fernsehen mit Drogenkonsum konfrontiert, sei es in Reality-Shows oder Spielfilmen. Oft wird die Lust auf Drogen gefördert, indem die Wirkungen positiv dargestellt werden.

Nicht außer Acht zu lassen ist der eigene Freundeskreis. Erzählt ein Freund von einem positiven Rauscherlebnis, so will man dies selbst auch erleben. Man wird in der Gruppe mit dem Konsum konfrontiert und manchmal auch unter Druck gesetzt. Ebenfalls will man weiterhin zu der Gruppe dazugehören, die Hemmschwelle ist nun recht niedrig.

(1) Handbuch der Rauschdroge Seite 166 Zeile 29f

(2) Handbuch der Rauschdroge Seite 184 bis Seite 186

(3) Handbuch der Rauschdroge Seite 187 ab Zeile 25

Was verändert sich im Rausch?

„.. Augenblicklich fiel das Gefühl der Begrenztheit, die Beschränkung der Sinne auf unser eigenes Fleisch und Blut von mir ab. Die Mauern meines Leidens barsten nach außen und stürzten zusammen (...) In der Höhle, die mein Gehirn barg, gähnten unauslotbare Tiefen von unbeschreiblichem Blau; da zogen Wolken entlang, die der himmlische Wind zusammentrieb, da glühte die Sonnenscheibe. (...) Ich hatte das Haschischparadies durchmessen und wurde unmittelbar darauf in seine gräßlichste Hölle gestürzt... Das aufgewühlte Blut stürmte wie ein tosendes Meer durch meinen Körper. Es schoss mir in die Augen, bis ich nichts mehr sehen konnte; (...) und ich versuchte, den Puls zu zählen; doch es gab zwei Herzen, von denen das eine tausend Schläge in der Minute tat und das andere nur langsam und träge klopfte. (...) In tiefer Verzweiflung und dem Wahnsinn nahe, floh ich aus dem Zimmer..." (5)

Nach der Einnahme von Rauschmitteln, im oben genannten Fall war es Haschisch, entsteht das Gefühl des Rausches. Durch die Wirkstoffe im Rauschmittel wird massiv eingegriffen in hochkomplizierte Abläufe, wie beispielsweise den Stoffwechsel oder auch in das Verständnis sozialer Sitten, in das Zeitgefühl oder Raumdistanz. Diese Veränderung in der Wahrnehmung hat zwei Wirkungen. Die positiv wahrgenommene ist die Bewusstseinserweiterung. Man nimmt seine Umwelt in einem anderen Schein wahr, als man es sonst tut. Unwichtig erscheinende Ereignisse werden ausgeblendet. In diesem Zustand ist jedoch die Hemmschwelle zur übertriebenen Fantasie sehr gering. Beispielsweise sieht man Dinge, die nicht existieren. Diese Gegenstände dringen nun durch das eigene Unterbewusstsein vor.

Es tritt eine Art von Persönlichkeistszerfall auf. Darunter ist zu verstehen, dass das rationale, abstrakte Denken in den Hintergrund tritt. Die psychischen gefühlsmäßigen Vorgänge nehmen zu. Dies erklärt, wieso viele Konsumenten stark emotional reagieren und von ihren Problemen und Sorgen erzählen. Man kann also sagen, dass der Gedankenablauf des Berauschten lockerer wird.

(4) Handbuch der Rauschdroge Seite 171 Zeile 16ff (Bayard Taylor)

Eine weitere Folge ist die Veränderung des Zeitgefühls. Diese Zustände treten recht schnell auf. In einem starken Rausch werden all diese veränderten Wahrnehmungen verstärkt und weitere könne auftreten, wie zum Beispiel Halluzinationen.

Bei der Psychoanalyse kann der Rauschzustand jedoch von Vorteil sein. Wie oben dargelegt, wird der Berauschte stark emotional und erzählt häufig aus seiner Kindheit. Diese Aussagen kann der Psychiater aufgreifen und so seine Therapie auf diesen Informationen aufbauen. In solchen Fällen spricht man von einer Regression in die Kindheit. (Bewusstseinserweiterung) Es besteht die Vermutung, dass die meisten Konsumenten eine Regression in die Ödipale Phase oder in die Latenzzeit durchleben. (6)

<u>Anlehnung an das Instanzenmodell nach Sigmund Freud (1920)</u>

Das Instanzenmodell ist ein von Siegmund Freund entworfenes Persönlichkeitsmodell, bei dem man unter drei Instanzen unterscheidet, dem Es, Ich und Über-Ich. Das Es ist die unbewusste Basis der Psyche. Von dieser Basis aus werden alltägliche Bedürfnisse wie zum Beispiel Hunger, Durst, Schlaf gesteuert. Das Es ist seit der Geburt vorhanden und strebt nach sofortiger Reizbefriedigung (Libido). Um dies umzusetzen spielt Moral keine Rolle.

Das Ich hingegen bezieht Kontakt zur Außenwelt. Das Ich beobachtet die Außenwelt und steuert das eigene Denken, Fühlen, Handeln etc. Es hat die Aufgabe, Es und Über-Ich zu vereinen und einen Kompromiss zu finden. Gelingt es nicht, dass eine Vereinbarung der beiden Instanzen gefunden wird, so kann es zu Hemmungen kommen.

Die letzte Instanz ist das Über-Ich. Diese Instanz verkörpert das Gewissen und handelt moralisch richtig. Es vertritt also Gesetze, Verbote, Normen und Werte, wie z.B. die Moral einer Gesellschaft. Diese Instanz reift aber mit dem Alter, sie ist nicht seit der Geburt vollkommen. (7)

Im Rauschzustand werden jedoch die Relationen der einzelnen Instanzen zueinander verändert. Das Über-Ich wird (enorm) gedämpft, jedoch werden die

(5) Handbuch der Rauschdroge Seite 172 bis Seite 174

(6) http://flexikon.doccheck.com/de/Instanzenmodell

Libido und aggressiven Triebe des Es verstärkt. Dies ist eine Erklärung dafür, dass es z.B. bei Alkoholkonsum häufig zu Schlägereien kommt. Des Weiteren wird die Kritikfähigkeit gemindert, dies lässt wieder auf die Sensibilität schießen. Freud hat ebenfalls um 1900 beobachtet, dass der Berauschte denkt, er sei Herr seiner Sinne, in Wirklichkeit dominiere das Es. Diesen Zustand nennt er " Primärvorgang" (1900). (8)

Gefahren und Folgen

Eine häufige Folge vom Konsum harter Drogen sind die sogenannten " Flash-Backs". Darunter versteht man den Rückfall in den Rauschzustand Wochen nach dem Konsum. Wenn dieses Ereignis zum falschen Zeitpunkt auftritt, beispielsweise bei einem erneuten Konsum, so verstärkt sich der Rauschzustand enorm. Ebenfalls ist es so sehr schwer, von seiner Sucht wegzukommen, wenn man immer wieder in das bekannte Raster unfreiwillig verfällt. Oft kommt es vor, dass der Konsument einer Droge sich einbildet, ohne die Droge und ohne den Rauschzustand ein tristes Leben zu haben und nur mit der Droge glücklich und zufrieden sein zu können. Ihm missfällt sein näheres Dasein, darum nimmt er weiter Drogen. Man kann also von einer Art der eigenen „Lebenshilfe" sprechen. Oft geschieht es, dass der Nutzer denkt, durch den Rausch reife sein Charakter, da er glaubt, Herr der Lage zu sein. Jedoch geschieht das Gegenteil.

Ein weiterer bekannter Begriff ist das " Dropping-out". Darunter versteht man, dass der eigene Lebensstandard sinkt, man verliert das Interesse an jeglichen Reizen, ausgenommen der von Drogen. Der Standard sinkt bis hin zur Bedürfnislosigkeit, das einzige Verlangen, das man hat, ist das nach Drogen. Ebenfalls ist es nicht möglich, die eigenen Talente zu fördern. Dies hat zur Folge, dass stark Süchtige lediglich vor sich hin vegetieren. Oft kommt es vor, dass Konsumenten starke Erscheinungen von Müdigkeit haben. Diese ist jedoch der verschleierte Zustand von Depressionen. Dieser Zustand trifft häufig bei Cannabis-Abhängigen auf. Sie konsumieren viel und dösen nur vor sich hin, jedoch fehlt ihnen der erholsame Schlaf.

(7) Handbuch der Rauschdroge Seite 175 bis 177 „e"

Eine der größten Gefahren ist, dass die Hemmschwelle zum Nehmen weiterer Drogen vermindert wird. Verträgt man die „ weiche" Droge ohne Probleme und fühlt dies sich gut an, so hat man Lust auf mehr. Schnell greift man dann zu schnell abhängig machenden Drogen wie Kokain. Der Körper gewöhnt sich an den Rauschzustand der „weichen" Droge, dadurch empfindet der Konsument kein Rauschgefühl mehr. Die Folge ist, dass nun mehr konsumiert werden muss, damit der alte Rauschzustand wieder eintritt. Oft kommt es vor, dass der Konsument überheblich wird und sich unbewusst eine Überdosis verabreicht. (9)

Cannabis

Die am häufigsten illegal konsumierte Droge ist Cannabis, welches aus Hanfsorten der Gattung Cannabis gewonnen wird. Man konsumiert die getrockneten und zerkleinerten Blüten und Blätter der weiblichen Pflanzen, gemischt mit Tabak. Das so genannte Cannabis wird umgangssprachlich auch Gras oder Haschisch genannt. Nach dem Rauchen eines „Joints", einer gedrehten Zigarette mit Cannabis, treten physische und psychische Wirkungen auf. Unter den physischen zählt man die Beschleunigung des Herzschlages, Rötung der Augen oder den „ Fressflash".

Cannabis wird in wenigen Fällen jedoch auch zur Heilung von Grünem Star oder in der Krebstherapie zur Schmerzbegrenzung verschrieben. Nach dem Konsum fühlt man sich ebenfalls entspannt und heiter, die Sinneseindrücke werden verstärkt und die eigene Phantasie wird angeregt. Der Stoff, der das zentrale Nervensystem verändert, ist das Cannabinoid Tetrahydrocannabinol (THC). Wer langjährig Cannabis konsumiert, erscheint emotionslos und ohne Energie. Ein weiteres Risiko ist Lungenkrebs, da man Cannabis mit Tabak mischt und dann konsumiert. (10)

(8) Handbuch der Rauschdroge Seite 178 bis 182

(9) http://de.wikipedia.org/wiki/Cannabis_als_Rauschmittel

Suchtverhalten bei Jugendlichen

Im Gegensatz zu Heroin, Kokain oder anderen harten Drogen, führt der Konsum von Cannabis nicht zu einer physischen Abhängigkeit, sondern zu einer Art psychischen Abhängigkeit. Cannabis ist typisch für Einsteiger. Nach und nach erhöht man den Konsum und fällt immer tiefer in seine inneren Konflikte. Nun kommt die Frage auf, woher diese inneren Konflikte kommen und wieso werden sie so beeinflusst?

Jugendliche stehen unter enormen Stress, sei es in der Schule, zu Hause oder mit Freunden. Darüber hinaus befinden sie sich in der Pubertät. Sie wollen sich in die Erwachsenenwelt aufmachen, was mit vielen Veränderungen verbunden ist. Sei es der Kleidungsstil, die Wortwahl oder der Freundeskreis, man verändert sich. Außerdem befindet man sich in einer Reifekrise, die aus zwei Brennpunkten besteht. Auf der einen Seite steht die Auseinandersetzung mit sich selbst. In dieser Krise ist man meist geprägt von Ängsten, Depressionen, Sorgen oder niedrigem Selbstwertgefühl. Nun muss man aufpassen, dass man diese Attribute auf einem bestimmten Grad halten kann, da diese sonst krankhaft werden können.

Der zweite Bestandteil ist die Auseinandersetzung mit der Umwelt. Die generell starken Spannungen wirken sich auf die eigenen Gefühle aus. Diese können schnell in Aggressivität, unsoziales Verhalten oder Verschlossenheit umschwenken. Diese Zustände verunsichern den Jugendlichen so sehr, dass er gegen seine Kindheit protestiert und das Neue sucht.

In der Jugend ist es nicht schwer, in Kontakt mit Drogen zu kommen. Drogen bekommen im Zusammenhang mit der Experimentierlust der Jugendlichen einen faszinierenden Reiz. Nach dem Erstkonsum muss man jedoch entscheiden, ob es bei dem einen Mal bleibt, oder ob man den Rausch öfter möchte. Hier stellt sich, wie oben dargestellt, das Problem der Einstiegsdroge. Auf diese Problematik kann man sehr gut den „Kreislauf der Sucht" anwenden. An diesem Schaubild, siehe Seite 12 (11), kann man recht schnell testen, ob man selbst das Verlangen hat, Drogen zu konsumieren. Man kann anhand des eigenen Testergebnisses sehen, ob man von Kindheit an gelernt hat, mit Belastung richtig umzugehen.

(10) Handbuch der Rauschdroge Seite 183

Den Einen gelingt es, Enttäuschung und Rückschläge zu verarbeiten, die Anderen benötigen die „Hilfe" von Drogen. Nehmen die Eltern Drogen wie z.B. Nikotin, so liegt es nicht fern, dass das Kind bei Problemen, ebenfalls zur Zigarette greift. Man imitiert, was die Eltern machen, denn dies scheint auf den ersten Blick richtig. (12)

Alternativen

Eine Alternative, den obengenannten Stressfaktoren zu entfliehen, ist beispielswiese Sport. Man kann sich, wenn man einen starken Willen hat, selber therapieren. Hat man beispielsweile Lust auf eine Graszigarette, so macht man eine sportliche Übung. Danach ist man außer Atem und ist gar nicht mehr in der Verfassung, etwas zu rauchen. Man kann jedoch auch ein Instrument lernen, somit gibt man oft seinen Emotionen freien Lauf und kann selber etwas kreieren (komponieren). Was man jedoch zuerst machen sollte ist, seinen Freundeskreis zu wechseln, da man durch diesen in der Regel immer wieder in Kontakt mit Drogen kommt.

(11) http://www.pausenhof.de/referat/biologie/suchtverhalten-bei-jugendlichen/10964

Quellen

1 Handbuch der Rauschdroge Seite 215- 217

2 Handbuch der Rauschdroge Seite 166 Zeile 29f

3 Handbuch der Rauschdroge Seite 184 bis Seite 186

4 Handbuch der Rauschdroge Seite 187 ab Zeile 25

5 Handbuch der Rauschdroge Seite 171 Zeile 16ff (Bayard Taylor)

6 Handbuch der Rauschdroge Seite 172 bis Seite 174

7 http://flexikon.doccheck.com/de/Instanzenmodell

8 Handbuch der Rauschdroge Seite 175 bis 177 „e"

9 Handbuch der Rauschdroge Seite 178 bis 182

10 http://de.wikipedia.org/wiki/Cannabis_als_Rauschmittel

11 Handbuch der Rauschdroge Seite 183

12 http://www.pausenhof.de/referat/biologie/suchtverhalten-bei-jugendlichen/10964

Literaturverzeichnis:

Suchtverhalten bei Jugendlichen mit Bezug auf Cannabis

Schmidbauer, Wolfgang Vom Scheidt, Jürgen

Handbuch der Rauschdroge

Fischer-Verlag 1971 München

Hurrelmann, Klaus

Unverzagt, Gerlinde

Wenn es um Drogen geht

Herder Spektrum 2000 Freiburg

Ausfelder, Trude

Stark ohne Stoff

Ellermann 2002 Hamburg

Iversen, Leslie

Drogen und Medikamente

Reclam 2004 Stuttgart

http://www.youtube.com/watch?v=Foah93IVqus